POLICE RURALE

LA RÉPRESSION

DU

BRACONNAGE

PAR

L'APPLICATION DES LOIS EXISTANTES

PAR

Paul COLLIN

DOCTEUR EN DROIT

AVOCAT A CHALONS-SUR-MARNE

PRIX : 0 FR. 75 C.

CHALONS-SUR-MARNE

IMPRIMERIE MARTIN FRÈRES, PLACE DE LA RÉPUBLIQUE, 50.

1898

RÉPRESSION DU BRACONNAGE

POLICE RURALE

LA RÉPRESSION

DU

BRACONNAGE

PAR

L'APPLICATION DES LOIS EXISTANTES

PAR

Paul COLLIN

DOCTEUR EN DROIT

AVOCAT A CHALONS-SUR-MARNE

CHALONS-SUR-MARNE

IMPRIMERIE MARTIN FRÈRES, PLACE DE LA RÉPUBLIQUE, 50.

1898

POLICE RURALE

LA RÉPRESSION DU BRACONNAGE

PAR

L'APPLICATION DES LOIS EXISTANTES

La question de la réorganisation de la police rurale est une de celles qui préoccupent à juste titre, sinon l'opinion, tout au moins les pouvoirs publics. Une commission extra-parlementaire s'est réunie, a recueilli sur cette question de nombreux et fort curieux documents et finalement déposé un très intéressant rapport. De son côté, la Société des Agriculteurs de France a élevé la voix ; la Société Centrale des chasseurs a dit aussi son mot; et de l'ensemble des avis ainsi émis, de leur unanimité même ressort avec la dernière évidence cette vérité malheureusement banale qu'il n'existe en France aucune police rurale et que cet état de choses ne saurait se tolérer plus longtemps.

On a proposé pour y remédier d'importantes réformes : par exemple, un meilleur recrutement des gardes-champêtres, la militarisation et l'embrigadement de ces agents, la restitution de la gendarmerie aux services du Parquet et de la police à l'exclusion de ceux du recrutement, etc.... Tout cela peut être excellent, le serait même ; seulement ces réformes ont le tort grave de devoir être des plus coûteuses pour des budgets obérés et la difficulté financière à résoudre suffira à elle seule probablement à en empêcher, certainement en tout cas à en entraver la réalisation.

Nous n'avons pas la prétention de traiter ici de la réorganisation de la police rurale. Non. Notre programme est beaucoup plus modeste, notre visée beaucoup plus humble.

Nous voudrions simplement établir que, sans rien changer à ce qui existe ; *sans dépenser un sou, au contraire;* mais par une action plus énergique des magistrats du Parquet ; par l'application plus fréquente, plus large, mais à notre avis mieux comprise des pouvoirs que donnent à ces fonctionnaires les lois existantes, on pourrait améliorer sensiblement les résultats actuellement obtenus en matière de police rurale sur le point spécial de la répression du braconnage et, ce faisant, répondre aux vœux qui ont été émis en ce sens par diverses assemblées, notamment en 1897 par le Conseil général de la Marne.

Dégageons de suite certains éléments de la question.

Quand nous parlons de « braconnier » nous visons tout d'abord « *l'individu inculpé d'un délit de chasse susceptible d'entraîner contre lui la peine de l'emprisonnement* », c'est-à-dire justiciable des articles 12, 13 et 14 de la loi de 1844. Nous exigeons, en outre, que le délit de chasse soit chez lui un délit habituel. En un mot, ce que nous désignons sous le nom de « *braconnier* » c'est le « *braconnier professionnel* » plus spécialement le tendeur de collets, filets ou lacets...., une sorte *d'industriel sui generis.*

Nous croyons qu'il y aurait un réel intérêt social à entraver, si l'on ne peut la supprimer complètement, la libre circulation du braconnier professionnel.

Nous croyons que ce monde spécial des braconniers professionnels, composé de fainéants et d'ivrognes, souvent de souteneurs, est la pépinière des pires malfaiteurs. — Qu'on n'y rencontre pas en foule des émules du célèbre Vacher, c'est possible! mais les voleurs, voleurs de campagnes surtout, y sont légion ; et puis quel est donc le braconnier, digne de ce nom, qui hésiterait, le cas échéant, à assassiner un garde ?... Personne parmi les chasseurs non plus que parmi ceux que le devoir professionnel met forcément en contact avec ces misérables ne me démentira sur aucun de ces points.

Voyons donc comment les choses se passent actuellement. Et prenons pour exemple un braconnier qui sait son métier et qui connaît sa procédure. Mieux encore : donnons le compte-rendu, un peu humoristique peut-être, mais documenté très exactement de l'audience correctionnelle du Tribunal de Reims, en date du 13 février 1897.

« L'audience est consacrée en grande

« partie aux braconniers qui sont à peu près
« toujours les mêmes.

« Nous avons vu, en effet, à la dernière
« audience Frangville, Chamant, Delahoutre
« et Pollet, dit Vol-au-Vent ; nous avons
« déjà eu le plaisir de voir ces messieurs la
« semaine précédente et nous avons encore
« la satisfaction de les voir aujourd'hui
« comme nous aurons, sans doute, encore
« l'avantage de les revoir bientôt.

« Quand nous disons que nous les voyons
« si souvent, l'expression est impropre ;
« nous ne les voyons pas toujours ; mais nous
« entendons parler d'eux. Voici, en effet,
« comment opère un braconnier qui « s'y
« connaît » et ces messieurs s'y connaissent
« depuis longtemps.

« Notre braconnier qui la connaît dans
« les coins, comme on dit aux bals de
« l'Hôtel de Ville, se fait prendre par un
« garde qui fait son procès-verbal et l'envoie
« au Parquet. On cite le délinquant qui ne
« se dérange pas, continue à tendre des
« collets et se laisse condamner par dé-
« faut. On lui signifie le jugement, mais
« naturellement l'huissier ne trouve pas son

**

« homme et laisse son acte au Parquet,
« faute de renseignements. Les délais expirés
« on met en œuvre la gendarmerie qui, au
« bout d'un temps plus ou moins long, finit
« par joindre enfin le braconnier et l'amène
« au Parquet.

« — Minute, fait notre homme, je forme
« opposition !

« Et on le relâche et il s'en va tendre des
« collets comme à son ordinaire en atten-
« dant le jour de sa comparution. Il ne vient
« pas davantage, son opposition est annulée,
« sa condamnation maintenue, nouvelle dé-
« marche vaine de l'huissier, nouvelles
« poursuites des gendarmes. Notre homme
« qui continuait à tendre des collets est de
« nouveau appréhendé et ramené au Par-
« quet.

« — Vous m'avez condamné, dit-il, j'en
« suis fort honoré, mais je vais en appel !

« Et on le lâche encore et il retourne encore
« à ses collets. Quand son procès vient en
« appel, il n'a garde de se présenter, il est
« condamné par défaut et la cérémonie ci-
« dessus décrite recommence. A ce bra-
« connier introuvable, couchant les trois

« quarts du temps dans les bois, vaguant
« avec soin d'un arrondissement à l'autre,
« on est obligé de signifier *à personne* l'arrêt
« rendu par défaut et auquel il fait oppo-
« sition.

« Sur cette opposition enfin il se présente
« et purge du même coup toutes les pour-
« suites emmagasinées contre lui depuis le
« premier procès-verbal. Et lorsque notre
« homme est définitivement puni, il a eu
« tout le temps d'exercer pendant de longs
« mois, 6, 10, 15, 18 mois parfois, son
« lucratif métier ; il a bien encouru cinq ou
« six nouvelles condamnations, mais, de par
« la mansuétude habituelle, inexpliquée sinon
« inexplicable de la Cour, elles se confon-
« dent et le pauvre homme en est quitte
« pour faire quatre, mois de prison au lieu
« de vingt ou vingt-quatre qu'il devait
« régulièrement. »

Quel beau spectacle, n'est-ce pas, conso-
lant et moralisateur et dans lequel des esprits
chagrins pourraient voir, non sans apparence
de raison, un curieux indice de notre état
social — que celui de ce « braconnier pro-

fessionnel », au casier judiciaire abondamment garni — braconnier contre lequel il a été verbalisé, se sachant sous le coup de poursuites, et rééditant cependant chaque jour avec une tranquillité absolue, dans des lieux différents, parfois dans le même lieu, le délit qui a motivé ces poursuites — le tout sous l'œil forcément impassible des gardes-champêtres et particuliers, des gendarmes, qui sont et se déclarent impuissants à « entraver son industrie » — narguant en un mot la loi et les magistrats, et tout cet appareil judiciaire, à la fois pompeux et vide, qu'il a le droit, lui, le rôdeur, de traiter de simple épouvantail à moineaux.

C'est là, certes, un vrai scandale et dont on trouverait sans aucun doute difficilement le pendant en aucun Etat de ce monde ; je parle, bien entendu, de ces Etats qui se piquent d'avoir des lois, une police et des juges.

Et voyez à quelles conséquences bizarres conduit un semblable régime :

Qu'un citoyen rassis, ayant un domicile bien fixe, une famille, des moyens d'existence, exerçant une profession régulière, vienne à commettre un délit et soit l'objet de pour-

suites ; en un tour de main, en quelques
jours, au plus en quelques semaines son
compte sera réglé et la justice aura rendu, à
son endroit, une décision contradictoire et
définitive ... tandis qu'il faut des mois,
parfois des années, pour en obtenir autant
contre notre braconnier ! — Faites-moi le
plaisir dès lors de me dire, de ces deux ci-
toyens, lequel est le mieux traité ? Incontesta-
blement le désavantage est pour celui qui
offre à la justice des garanties de stabilité et
de représentation aux actes de la procédure,
l'avantage au contraire est à celui qui n'en
présente aucune ! Le plus favorisé c'est le
délinquant professionnel ; le moins favorisé,
c'est le délinquant d'occasion.

Si encore ce n'était là qu'une question de
sentiment, on pourrait en prendre facilement
son parti, se dire qu'après tout la justice
absolue n'est pas de ce monde, que quelque
bien faites que soient les lois, il est impos-
sible qu'elles ne présentent pas de temps à
autre quelques lacunes, quelques incohé-
rences !

Mais cette question de sentiment se double
d'une question d'argent : ces vagues procé-

dures suivies contre des braconniers insaisissables ou qu'on n'ose pas saisir, coûtent fort cher à l'Etat.

Essayons de nous rendre compte de l'importance de ces dépenses effectuées en pure perte. Et afin de n'être pas taxé d'exagération, prenons comme chiffre sur la fraction variable de ces dépenses le chiffre le plus réduit possible.

Le coût minimum d'une affaire de chasse sur citation directe du Parquet peut s'établir ainsi qu'il suit, en première instance :

Casier judiciaire....................	0ʳ 25
Citation	1 »
Grosse du jugement de défaut.......	1 60
Signification....................	1 75
1 témoin, 1ʳᵉ audience (1)...........	4 »
1 témoin, 2ᵉ audience..............	4 »
TOTAL......	12 60

Le dossier d'appel se constitue de la façon suivante :

Expédition du jugement............	1ʳ 60
— de l'acte d'appel..........	0 40

(1) La taxe du témoin est prise dans la moyenne plutôt basse.

Citation............................	1	»
Grosse de l'arrêt..................	2	40
Signification......................	1	75
Extrait d'arrêt....................	0	25
Bulletin N° 1......................	0	50
Extrait pour les finances..........	0	25
Au total......	8	15

Douze francs soixante d'une part et huit francs quinze de l'autre, cela fait déjà 20 fr. 75 c.

Mais notez que c'est là le strict minimum, qu'il est extrêmement rare que ce chiffre ne soit pas dépassé et qu'en tous cas il ne représente que les *débours réels* de l'Etat (1) en faveur des greffiers et huissiers.

Notez, en outre, que dans la note de frais que nous détaillons ci-dessus, il s'agit d'une procédure relativement simple, mais qu'il arrive souvent, c'est même le cas le plus ordinaire, car de cette façon le braconnier gagne du temps, que le prévenu fait défaut

(1) Il y a lieu d'ajouter à ces *débours réels* l'indemnité kilométrique due pour le transport des huissiers et aux huissiers. — Le droit de poste et enfin le *débet :* timbre et enregistrement — minimum 25 fr.

sur opposition tant devant le tribunal que devant la cour. Ce qui donne lieu à des expéditions de jugement et d'arrêt, significations desdits, primes d'arrestations (celles-ci non maintenues par suite des oppositions ou appel) bref, à un ensemble de frais supplémentaires s'élevant à 40 fr. au bas mot.

En résumé, nous restons certainement en deça de la vérité quand nous évaluons à 50 fr. au moins, le coût de la procédure du genre de celle que nous avons décrite.

Rappelez-vous enfin que chacun de nos braconniers professionnels emmagasine chaque année, pour son compte personnel et exclusif, plusieurs de ces procédures ; que chaque année aussi ce fait se renouvelle devant des centaines de tribunaux à l'occasion de centaines, peut-être de milliers d'individus, et mesurez par la pensée, si vous l'osez, la somme considérable qui sort ainsi annuellement des caisses du Trésor et dont l'Etat ne récupérera jamais un rouge liard, avec pour tout résultat d'entretenir un scandale public par la quasi impunité du braconnage professionnel!

Tels sont les faits, tel est le régime suivi actuellement en matière de répression du braconnage. ·

Régime coûteux à l'Etat.

Décourageant pour les gardes et les gendarmes.

Couvrant de ridicule et de discrédit la loi et la justice.

Et à l'exposé de ces faits, monte à coup sûr aux lèvres de toutes les personnes qui me font l'honneur de me lire, une phrase identique : « comment se fait-il qu'on n'arrête pas et ne détienne pas préventivement le braconnier professionnel ? »

O âmes candides et nourries d'idéal ! Croyez-vous donc qu'il soit facile au point que vous indiquez de placer sous mandat de dépôt un malfaiteur d'habitude tel que le nôtre ?... Examinons au surplus, si vous le voulez bien, les raisons suivant nous fragiles et sans consistance juridique qui paraissent s'opposer à ce que le « braconnier professionnel » soit arrêté et détenu préventivement jusqu'à la solution définitive de son procès.

Tout d'abord les premières difficultés

sont suscitées par le délinquant lui-même, cela va de soi. Ce délinquant en effet tient à sa liberté et l'ouvrier habile dans l'art de poser les collets se double en lui d'un homme très au courant des lois, d'un juriste consommé.

« Vous ne pouvez, a commencé par dire « le braconnier, m'arrêter ni me détenir « parce que le délit que j'ai commis n'est pas « inscrit dans le Code pénal. C'est une loi « spéciale, celle de 1844, qui a créé, prévu « et réprimé ce délit ; elle se suffit à elle-« même ; et vous ne pouvez appliquer aux « délits qu'elle prévoit les dispositions « édictées par le Code d'instruction crimi-« nelle en matière de détention préventive, « ces dispositions n'étant applicables qu'aux « délits de droit commun prévus au Code « pénal. »

Et le braconnier professionnel ajoute, comme preuve à l'appui de ce qu'il avance, qu'en matière de fraudes aux monopoles et de contraventions à certains règlements des contributions indirectes, il a fallu un texte spécial pour qu'on put arrêter et saisir les délinquants. C'est ce texte spécial qui seul a permis par exemple, dit-il, d'arrêter et détenir les colporteurs d'allumettes de contrebande. Vous n'avez pas, en matière de chasse, de texte spécial vous conférant des pouvoirs identiques, vous ne pouvez donc faire arrêter ni détenir le délinquant.

Cette argumentation, disons le tout de suite pour n'y plus revenir, manque suivant nous de base légale et de portée juridique. Elle n'est que spécieuse.

En effet : les textes auxquels il est fait allusion sont impératifs : ils prescrivent l'incarcération immédiate du délinquant ; ils enlèvent à cet égard au Parquet toute latitude, toute faculté, ce qui est une première dérogation au droit commun.

De plus les fraudes aux monopoles et les diverses infractions *ejusdem generis* ci-dessus visées constituent essentiellement des contraventions. Or ces contraventions sont frappées seulement de peines pécuniaires, d'amende. En ces matières, par conséquent, l'article 131 du Code d'Instruction criminelle eût été applicable, et la liberté provisoire un droit absolu pour les prévenus. Il a donc fallu des textes spéciaux dérogeant explicitement aux dispositions de l'article 131 pour que ces prévenus pussent être arrêtés et maintenus sous mandat de dépôt.

Mais lorsqu'il s'agit des faits visés par la loi de 1844 en ses articles 12, 13 et 14, la situation est bien différente ! Ces infractions, tout au moins au point de vue des sanctions à intervenir, sont de véritables délits punis de peines très graves qui peuvent s'élever facilement à trois ou quatre mois de prison ; et même dans certaines hypothèses, à deux et quatre ans de cette même peine ! Nous sommes loin, on le voit, de la simple amende et de la contrainte par corps qu'elle entraîne à sa suite !

Comment dès lors admettre, en présence de la sévérité des sanctions légales, que la loi de 1844 ait entendu dépouiller les magistrats du Parquet de la faculté qu'ils ont de prescrire d'arrêter et de placer, moyennant certaines conditions, sous mandat de dépôt, tous individus inculpés de délits susceptibles d'entraîner contre eux la peine de l'emprisonnement ?... Que l'article 25 de la loi de 1844 n'ait pas *commandé* l'arrestation du délinquant, non seulement nous l'admettons, mais encore nous le comprenons sans peine. En effet, cet article édicte purement et simplement certaines mesures à prendre en vue de la constatation *sur place* du délit et de la constatation *sur place* de l'identité du braconnier. C'est l'affaire de l'agent verbalisateur, ce n'est point l'office du Parquet ! Et la loi n'a point voulu, avec raison, que ces agents de constatation qui sont nombreux (articles 22 et 23 de la loi de 1844) et parmi lesquels nous rencontrons les employés d'octroi et les gardes des particuliers — qui sont aussi pour la plupart des agents subalternes — pussent de leur propre autorité placer et maintenir *tous* les délinquants sous la main de la justice, l'opportunité de cette mesure soulevant parfois des appréciations d'un ordre assez délicat.

De plus le législateur, en ce qui concerne l'arrestation et la saisie du délinquant, a entrevu comme possibles entre les agents subalternes et lui des luttes, des rixes, de nature à provoquer l'effusion du sang et il a sagement agi en les prévenant.

Mais les premiers éléments de l'information étant recueillis, le procès-verbal transmis

à la justice, l'agent verbalisateur disparaît ;
l'affaire alors prend un nouveau caractère et
il appartient au Parquet, c'est son devoir,
d'assurer la représentation du délinquant aux
actes de la procédure. De quel texte à ce
moment pourrait-on arguer pour dépouiller
les magistrats du Parquet des pouvoirs
généraux qui leur sont attribués par le Code
d'Instruction criminelle à l'occasion des
faits délictueux punissables de l'emprisonnement ?... Nous le chercherions en vain, il
n'en existe pas.

Aussi bien dans un certain nombre de
Tribunaux les magistrats du Parquet, sans
se laisser émouvoir par les objections soi-
disant juridiques tirées de la spécialité de
la loi de 1844, ont-ils pu considérer — avec
raison — que les pouvoirs qu'ils tiennent
du Code d'instruction criminelle ont été
laissés intacts par cette loi et en ont-ils
fait, dans la pratique, application en
diverses circonstances à certains délinquants de chasse qu'ils ont judicieusement
placés sous mandat de dépôt en vertu de
l'article 113 du Code d'Instruction criminelle comme étant sans domicile — bien

qu'ils ne fussent pas en état légal de vagabondage.

Rarement en effet le braconnier professionnel est en état légal de vagabondage.
Homme de loi, ne l'oublions pas, et des
plus dégourdis, il connaît l'article 270 du
Code pénal et il s'arrange presque toujours
pour ne pas tomber sous son application.

L'usage du mandat de dépôt, sous les ré-
serves et dans les conditions que nous venons
d'indiquer, a donné en matière de répression
du braconnage les meilleurs résultats, bien
qu'il n'en ait été fait emploi qu'avec la plus
grande circonspection et dans un nombre de
cas fort restreint. Un certain progrès a pu
être ainsi facilement accompli, en quelques
arrondissements, dans la voie de l'assainisse-
ment des campagnes et un coup droit être
porté aux associations de braconniers professionnels.

Mais les magistrats ont eu affaire à forte
partie ! Battu en effet sur le premier terrain
légal choisi par lui, notre « braconnier professionnel » ne s'est pas tenu pour définitivement exposé aux rigueurs si bien méritées
du mandat de dépôt. Il s'est plongé de nou-

veau dans l'étude du Code où il n'a pas tardé
à découvrir et à s'appliquer avec une incom-
parable dextérité de main le bénéfice de
l'article 113 du Code d'Instruction criminelle
paragraphe 2.

« Vous m'avez fait arrêter, a-t-il dit aux
« magistrats, c'est très bien ! libre à vous,
« me voilà ! — Il est exact que je n'ai ni sou
« ni maille, que je n'exerce aucune profes-
« sion, mais il n'en est pas moins vrai que
« je ne suis pas en état de vagabondage, *car*
« *j'ai un domicile. J'ai un domicile, et consé-*
« *quemment aux termes de l'article* 113, § 2,
« *vous devez me rendre ma liberté.* »

Et le braconnier professionnel à l'appui de
sa déclaration donne l'indication de ce soi-
disant domicile. — L'un dit : j'habite chez
ma sœur, elle est femme galante. — La
plupart fournissent l'adresse d'un hôtel
borgne, d'une auberge équivoque, d'un bouge
quelconque, presque toujours maison de recel,
où ils ne possèdent ni un vêtement, ni un
lit, ni un instrument de travail quelconque.
Et les renseignements que recueille sur ce
« domicile » la gendarmerie établissent neuf
fois sur dix qu'on n'y voit jamais le bracon-

nier, qu'il y passe une nuit de loin en loin, qu'il en a fait choix depuis quelques jours, à peine depuis quelques semaines, que les actes de procédure qu'on lui signifie ne l'y atteindront pas, bref que ce prétendu domicile n'est pour le braconnier qu'un moyen habile de se mettre à l'abri de la détention préventive en lui permettant d'invoquer l'article 113.

Néanmoins c'est de ce prétendu domicile que les magistrats se déclarent satisfaits la plupart du temps et arguent pour laisser le braconnier à la liberté, à son intéressante industrie, lui assurant ainsi dans une large mesure une sorte d'impunité !... Oh ! la mort dans l'âme, j'en conviens, mais enfin c'est ainsi.

Cette pratique nous paraît infiniment regrettable. Car c'est à elle surtout qu'il y a lieu d'imputer les procédures par défaut dont nous avons égrené le douloureux chapelet au début de ces observations, procédures coûteuses dans leurs moyens, scandaleuses dans leur effet réflexe sur les populations agricoles, stériles dans leurs résultats ; procédures enfin qui surchargent de vagues besognes la gendarmerie et encombrent les greffes, les tribunaux et les mairies de paperasses totalement inutiles.

Et pourquoi les magistrats qui ordinairement ne se payent pas de mots, qui savent fort bien à quoi s'en tenir au fond sur la « réalité » du prétendu domicile du braconnier, s'en déclarent-ils cependant si facilement satisfaits ?... La raison en est bien simple. C'est que les magistrats de 1re instance ne se sentent pas suffisamment soutenus et encouragés par leurs chefs hiérarchiques, c'est-à-dire par les Procureurs généraux et surtout par la chancellerie dans l'usage à faire par eux du mandat de dépôt à l'encontre des délinquants de chasse, passibles de l'emprisonnement et n'ayant pas de domicile certain. Que ces hauts représentants du pouvoir judiciaire parlent (et à notre avis ils peuvent le faire) et les choses changeront du jour au lendemain, au mieux des intérêts du bon ordre et de ceux de la justice.

D'un bout de la France à l'autre en effet une clameur s'élève : « Il faut réorganiser la police rurale ! »

Eh bien ! que M. le Ministre de la Justice,

dans la limite de ses attributions et sur ce point particulier de la repression du braconnage professionnel, donne le signal de cette réorganisation et en prenne l'initiative.

En quoi faisant ?

Nous ne demandons pas de loi nouvelle. Il n'en est pas besoin.

Nous demandons seulement qu'une *circulaire ministérielle*, que nous appelons de tous nos vœux, *oriente enfin dans une voie décisive et légale la procédure à suivre contre les braconniers professionnels, par la stricte mais bien comprise application des lois existantes*.

Que voulons-nous dire ?

Nous avons exposé que, réserve faite de quelques cas extrêmement rares, les magistrats hésitent à faire emploi des pouvoirs qu'ils tiennent du Code d'Instruction criminelle et notamment de l'article 113 de ce Code aux fins d'assurer la représentation de notre délinquant aux actes de la procédure ; nous avons exposé que la tactique du braconnier professionnel consiste à se parer d'un domicile où on ne le trouve jamais, avec lequel il n'a aucun lien d'attache, destiné uniquement à le préserver des rigueurs de la détention préventive ; nous avons\ enfin exposé que, presque toujours, par une interprétation littérale mais erronée de l'article 113, § 2, du Code d'Instruction criminelle, les magistrats se contentent de ce domicile quelconque pour laisser notre homme en liberté.

Ce serait donc suivant nous à l'usage facultatif mais plus fréquent — tout d'abord — et ensuite à l'usage mieux compris de cet article 113 qu'il nous semblerait nécessaire et parfaitement légal de convier les magistrats du Parquet.

Démontrons-le :

Quand le législateur parle du délinquant *domicilié*, délinquant qui, de ce fait, a droit à la liberté provisoire, de quel délinquant a-t-il voulu parler ? de celui qui, *par l'assiette et la fixité de son domicile*, présente un ensemble de garanties telles qu'on doit espérer qu'il se représentera aux actes de la procédure. Or, ce bénéfice de la liberté provisoire on va parfois jusqu'à l'accorder comme un droit à des individus qui vivent en roulotte !

Nous sommes loin, on le voit, de ce qu'a voulu le législateur !

Voyons un peu ce qu'a écrit à ce sujet M. Faustin Hélie dans son *Traité de l'Instruction criminelle*, tome IV, § 1996, édition 1866, sur l'article 113 :

« De quel domicile s'agit-il ici ? C'est
« avant tout un établissement définitif : c'est
« le domicile de fait, le lieu où l'inculpé ré-
« side habituellement, où il a son établisse-
« ment et ses ressources, où il travaille, où
« il est fixé. C'est cette demeure fixe, cette
« résidence cimentée par un certain temps
« qui constitue la garantie légale. Mais on
« ne doit pas la confondre avec la dernière
« habitation qui n'est qu'un fait isolé quand
« elle ne s'est pas confirmée suffisamment
« pour manifester l'intention de s'y fixer. La
« loi n'a voulu exclure que ceux qui ne sont
« attachés à aucun lieu par la famille et
« par le travail, qui n'ont aucun foyer, au-
« cune demeure continue et habituelle, au-
« cun établissement, d'abord parce qu'ils ne
« fournissent aucun gage de leur moralité,
« ensuite parce que les réquisitions de la

« justice ne sauraient où s'adresser et n'au-
« raient aucune assurance d'être obéies. »

Nous n'ajouterons pas un mot. Personne
au monde ne saurait dire mieux !

Et nous devons conclure.

Nous souhaitons : « *Qu'une circulaire mi-*
« *nistérielle invite formellement les magis-*
« *trats du Parquet à rechercher avec soin,*
« *dès qu'ils ont à informer sur un délit*
« *commis par un braconnier professionnel,*
« *susceptible d'entraîner la peine de l'empri-*
« *sonnement, si ce délinquant présente les*
« *garanties légales d'un domicile réel et*
« *fixe, tel qu'il est si bien décrit par M. Faus-*
« *tin Hélie, tel en un mot qu'il y ait lieu de lui*
« *laisser le bénéfice de la liberté provisoire.*

« *Et au cas où ces justifications ne seraient*
« *pas fournies ou le seraient à titre insuffisant,*
« *invite les magistrats à user des pouvoirs*
« *que leur confèrent le Code d'instruction*
« *criminelle et notamment l'article 113 de ce*
« *code, en plaçant le délinquant sous mandat*
« *de dépôt, de façon à assurer par toutes voies*
« *légales sa représentation effective aux actes*
« *de procédure.* »

Et ce serait la fin de ces procédures par défaut que nous avons longuement décrites et qualifiées comme elles méritent de l'être.

Certes, nous approuvons hautement la Société des Agriculteurs de France et diverses autres Sociétés ou Assemblées d'avoir émis une série de vœux intéressants en vue de la réorganisation de la police rurale, ce qui améliorerait singulièrement la condition des chasseurs et celle du gibier.

Mais, nous le répétons, nous craignons fort que ces réformes de vaste envergure, qui soulèvent de graves problèmes, ne puissent aboutir de longtemps.

Nous pensons qu'il serait sage de procéder de suite à quelques petites réformes de détails et par petits paquets.

Et nous estimons que le Ministre de la Justice, qui compterait à son actif la circulaire ministérielle dont nous sollicitons l'émission après avoir essayé d'en indiquer le sens et la portée, aurait rendu aux agents verbalisateurs, gendarmes et autres, aux magistrats eux-mêmes, aux populations agricoles, enfin à l'Etat par la diminution des frais de justice et l'accélération des procédures un très signalé service.

Qu'on le sache bien : *les braconniers professionnels, qu'ils agissent isolément ou « travaillent » en associations, ne vivent que du bénéfice de la liberté provisoire ! ! .. Et cependant les neuf-dixièmes d'entre eux, de par la loi elle-même, n'y ont aucun droit.*

P. COLLIN.

Châlons, 16 août 1898.

Châlons, imp. Martin frères.

www.ingramcontent.com/pod-product-compliance
Lightning Source LLC
Chambersburg PA
CBHW070745210326
41520CB00016B/4582